Fuerzas

Debra J. Housel, M.S.Ed.

Asesoras

Sally Creel, Ed.D.
Asesora de currículo

Leann Iacuone, M.A.T., NBCT, ATC
Riverside Unified School District

Créditos de imágenes: Portada y pág.1 iStock; pág.27 (inferior) Blend Images/Alamy; pág.26 (superior) Buzz Pictures/Alamy; pág.19 (superior) PhotosIndia. com LLC/Alamy; pág.19 San Jamar (inferior); págs.20–21 (fondo) Bryan and Cherry Alexander/Science Source; págs.28–29 (ilustraciones) Janelle Bell-Martin; todas las demás imágenes cortesía de Shutterstock.

Teacher Created Materials
5301 Oceanus Drive
Huntington Beach, CA 92649-1030
http://www.tcmpub.com
ISBN 978-1-4258-4664-0

Contenido

Las fuerzas están por doquier

Los pulmones usan fuerza para expulsar el aire cuando respiras. Empujan el aire cuando exhalas. Usas la fuerza muscular para girar la cabeza. Pero, ¿qué es la fuerza?

Una fuerza es un empujón, un tirón o un giro. Cada fuerza tiene una fuerza igual y opuesta. Cuando te sientas, aplicas fuerza sobre la silla. Esta fuerza es tu peso. La silla empuja con la misma fuerza. Su fuerza es la resistencia de los materiales de la que está hecha.

¡Las fuerzas están siempre contigo!

Estas fuerzas están en equilibrio.

Cuando la niña salta, el trampolín empuja con fuerza igual y opuesta.

Qué hacen las fuerzas

Una fuerza puede hacer que algo se mueva. Un empujón o un tirón pueden abrir una puerta. Cuando comes, llevas el tenedor hacia la boca. Un empujón puede hacer que el tenedor vuelva al plato.

Una fuerza también puede hacer que algo deje de moverse. Una pelota de golf rodará por el suelo. Pero no girará por siempre. ¿Por qué? El suelo ejerce una fuerza contra la pelota. Por eso detiene la pelota.

¿Qué sucedería si no hubiera fuerza? Una vez que la pelota comenzara a rodar, simplemente seguiría rodando y rodando y rodando.

No puedes ver las fuerzas. Sin embargo, siempre están funcionando. Una fuerza puede hacer que una cosa en movimiento vaya más rápido. Si estás coloreando y mueves la mano más rápido, el crayón se acelera. Una fuerza puede desacelerar algo. Cuando quieres detener un columpio, arrastras los pies sobre el suelo. Una fuerza también puede hacer que algo cambie de dirección. Si estás jugando al fútbol, puedes patear la pelota. Hace que la pelota vaya en una dirección diferente.

Todos estos niños usan fuerzas.

Gravedad

La **gravedad** es una fuerza que atrae a todas las cosas entre sí. La **masa** afecta la gravedad. Cuanto más grande es algo, más gravedad se ejerce sobre él.

El peso mide la fuerza con la que la gravedad tira de un objeto. A medida que envejeces, te haces más grande. La gravedad tira más de ti, porque pesas más.

La Luna es más pequeña que la Tierra. Tiene menos gravedad. Por lo tanto, si fueras a la Luna, ¡pesarías menos!

La gravedad de la Luna tira de los océanos de la Tierra. Esto es lo que causa las mareas altas y bajas.

¿Cuánto pesa en la. . .?		
	Tierra	Luna
	55 libras	9 libras
	8 libras	1 libra
	3,500 libras	583 libras

Sin gravedad, no habría vida en la Tierra. Los planetas no girarían alrededor del Sol. Simplemente flotarían por el espacio.

La vida en la Tierra comienza con el Sol. El Sol es enorme. Su gravedad es muy fuerte. Mantiene a la Tierra y a todos los demás planetas en sus **órbitas**. ¡Evita que los planetas choquen entre sí!

Los planetas orbitan el Sol.

Con la gravedad, el tamaño es importante. La gravedad de la Luna es débil comparada con la de la Tierra. Y la gravedad de la Tierra es débil comparada con la del Sol.

La Luna orbita la Tierra.

Fricción

La **fricción** también es una fuerza. La fricción le da agarre a las cosas. Es lo que permite que puedas sujetar la perilla de una puerta con la mano para poder girarla. Es lo que te permite caminar, en lugar de deslizarte, sobre una acera.

La fricción hace el movimiento más lento. No permite que las cosas resbalen o se deslicen con fluidez. Las piezas que se mueven en una bicicleta se aceitan para reducir la fricción.

Estos zapatos aumentan la fricción, de modo que no te resbalarás cuando camines.

Cada vez que dos cosas se tocan entre sí, hay fricción. Algunas veces, hay muy poca fricción. Hay muy poca fricción cuando te deslizas sobre el hielo en patines de hielo.

Otras veces hay mucha fricción. Cuando andas en bicicleta, los neumáticos ejercen presión sobre el suelo. El suelo también ejerce presión sobre los neumáticos. Empujas los pedales para seguir moviéndote. Si dejas de pedalear, la bicicleta disminuye la velocidad y luego se detiene. La fricción hace que esto suceda.

Fricción de los dedos

Las yemas de los dedos tienen crestas que les permiten agarrar cosas. Cuando el jabón llena estas crestas, es difícil sostener cosas.

Magnetismo

El **magnetismo** es una fuerza. Hace que algunos tipos de metales **atraigan** o **rechacen** otros metales. Estos metales son imanes. Los dos extremos de un imán se llaman **polos**. Uno es el polo norte. El otro, el polo sur.

El polo norte de un imán siempre atraerá, o acercará, el polo sur de otro imán. El polo sur de un imán siempre rechazará, o repelerá, el polo sur de otro imán. Dos polos norte también se rechazarán entre sí. El área alrededor de un imán se denomina un *campo magnético*.

Metal pesado

El acero y el hierro son metales magnéticos. También pueden ser muy pesados. Por lo tanto, las personas usan imanes gigantes para moverlos.

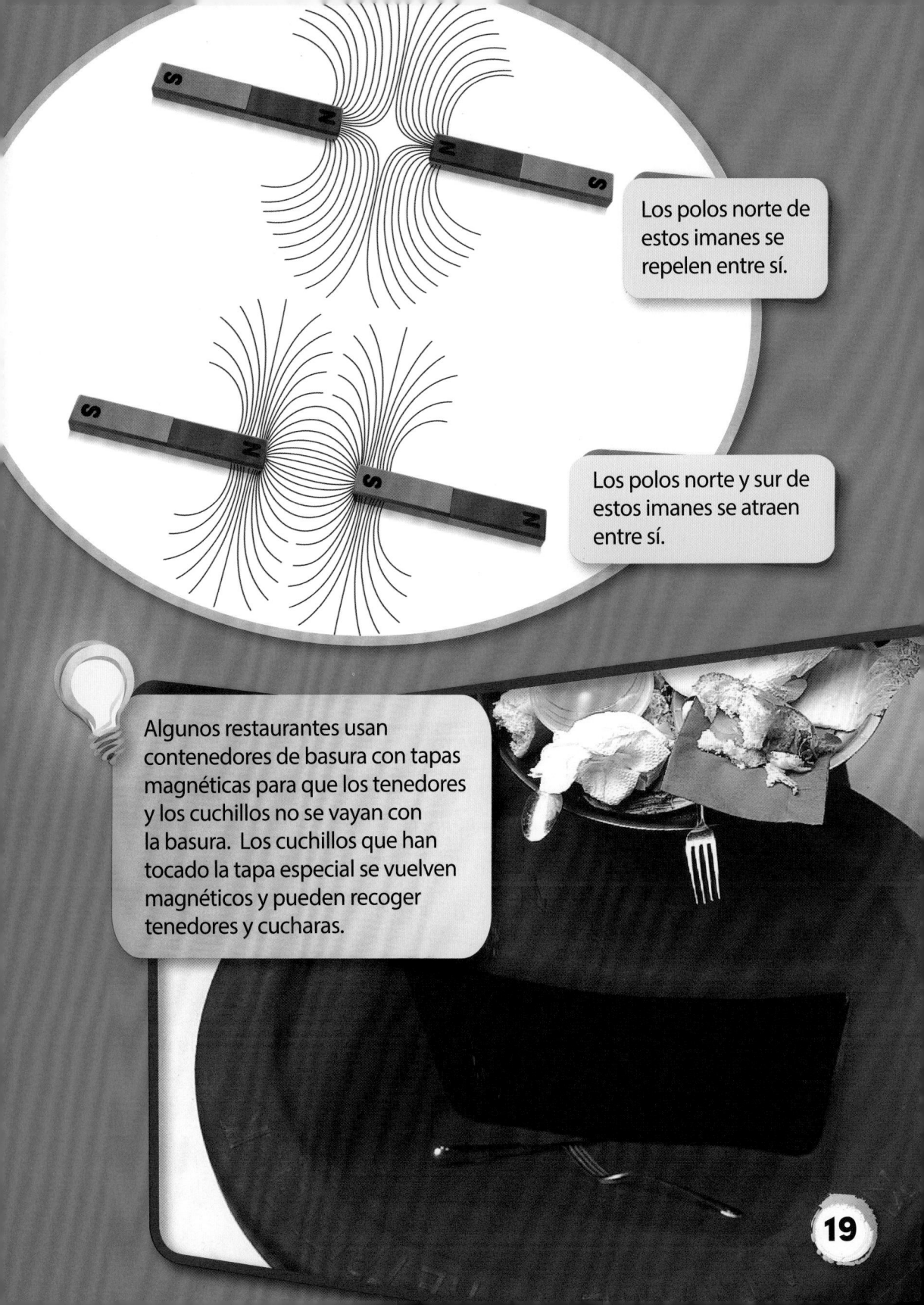

Los polos norte de estos imanes se repelen entre sí.

Los polos norte y sur de estos imanes se atraen entre sí.

Algunos restaurantes usan contenedores de basura con tapas magnéticas para que los tenedores y los cuchillos no se vayan con la basura. Los cuchillos que han tocado la tapa especial se vuelven magnéticos y pueden recoger tenedores y cucharas.

Existen muchos tipos de imanes. La Tierra es un imán gigante. La aguja de una brújula también es un imán. Siempre apunta al polo norte de la Tierra. Por esto puedes usar una brújula para determinar dónde te encuentras. Funciona en cualquier parte del mundo, incluso en medio de un océano. Si se te cae una caja de sujetapapeles, puedes recogerlos rápidamente con un imán de herradura. Los sujetapapeles serán atraídos hacia el imán. Se aferrarán a él.

POLO NORTE

NUEVA YORK
5,461 Km

LONDRES
4,292 Km

ROMA
5,439 Km

MOSCÚ
4,348 Km

POLO SUR
20,000 Km

El polo norte magnético de la Tierra no se encuentra en realidad en el polo norte. Está un poco al sur del polo norte.

imán de herradura

brújula

Flotación

Cuando te bañas, no llenas la bañera hasta el tope.

Sabes que cuando entres, el nivel de agua aumentará.

Parte del agua se **desplaza** con la masa de tu cuerpo.

Esta niña flota porque su masa desplaza suficiente agua.

No puedes flotar en tu bañera. No desplazas suficiente agua para flotar. Pero puedes flotar en una piscina o en un lago. Hay mucha más agua para sostenerte. Esta fuerza flotante se denomina **flotación**.

Este perro no flota porque no hay suficiente agua que su masa pueda desplazar.

Cuando lanzas un guijarro a un estanque, se hunde hasta el fondo. Sin embargo, las embarcaciones grandes flotan. ¿Qué hace que algunas cosas floten y otras se hundan? La respuesta es la *flotación*.

La flotación depende del desplazamiento de agua. Para que algo flote, debe pesar *menos* que la cantidad de agua que desplaza. Las embarcaciones están diseñadas para desplazar una gran cantidad de agua. Son huecas y están llenas de aire.

El bloque de acero se hunde porque pesa más que el agua que desplaza.

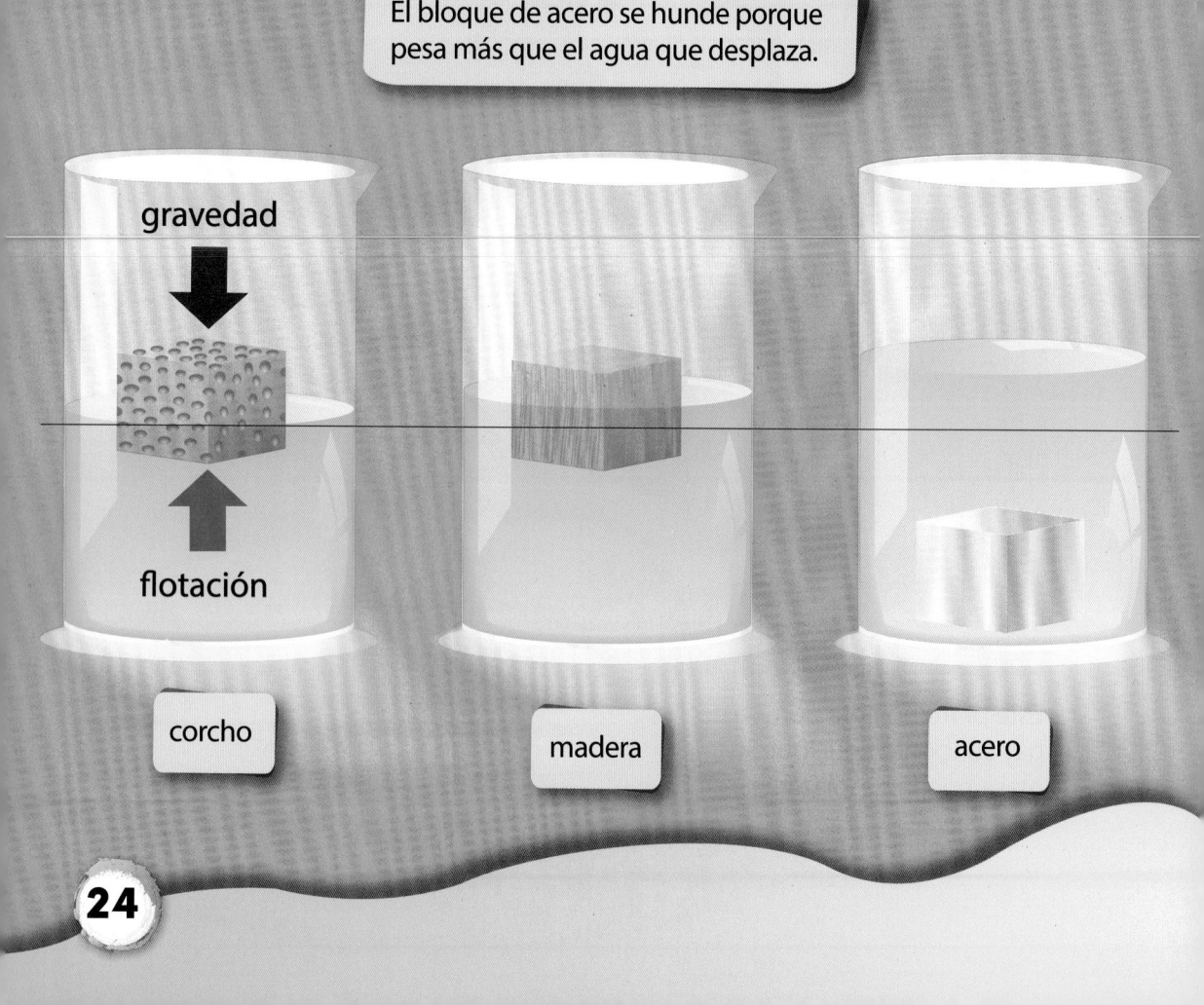

gravedad

flotación

corcho

madera

acero

Esta embarcación es muy grande. Debe desplazar gran cantidad de agua para flotar.

36
34
32
30
28
26
24

Líneas de máxima carga

Los barcos de carga tienen líneas de máxima carga en los laterales. Estas marcan el nivel más bajo en el cual una embarcación flotará.

Las fuerzas en tu vida

Entras en contacto con fuerzas todos los días. A veces, una fuerza trabaja en tu contra. La gravedad trabaja en tu contra cuando tienes que empujar fuerte para andar en patineta y subir una colina. En otros momentos, las fuerzas te ayudan. La gravedad te ayuda cuando te deslizas por una colina en un trineo. Los imanes te ayudan a colgar cosas en un refrigerador. La fricción te ayuda a girar rápidamente en un partido de fútbol. La flotación te ayuda a flotar en una piscina. Ya sea que las fuerzas trabajen en tu contra o a tu favor, ¡siempre están contigo!

La fricción mantiene esta patineta bajo control.

El magnetismo ayuda a esta niña a mostrar su trabajo de arte.

¡Hagamos ciencia!

¿Qué fuerzas puedes encontrar? ¡Obsérvalo por ti mismo!

Qué conseguir

- ○ agua
- ○ balde grande
- ○ globo

Qué hacer

1 Llena un balde grande hasta dos tercios con agua.

2 Infla el globo y átalo para cerrarlo.

3 Empuja el globo suavemente en el agua. Suéltalo. ¿Qué sucede?

4 Empuja el globo hasta el fondo del balde. ¡Suéltalo y retrocede! ¿Qué sucede?

5 ¿Qué pudiste observar? Haz dibujos y rotúlalos para demostrar qué fuerzas estaban actuando.

Glosario

atraigan: hagan que algo se acerque

desplaza: mueve algo de su posición original

flotación: la fuerza de un líquido que hace que las cosas floten

fricción: una fuerza que disminuye el movimiento

gravedad: una fuerza que hace que las cosas caigan hacia la Tierra

magnetismo: la atracción entre ciertos metales

masa: la cantidad de materia (material) en algo

órbitas: la trayectoria curva que algo sigue a medida que gira alrededor de otra cosa

polos: los extremos de un imán

rechacen: mantienen algo afuera o alejado

Índice

¡Como por arte de magia!

Coloca algunos sujetapapeles en una bandeja para hornear. Mueve un imán fuerte debajo de la bandeja para hornear. ¿Qué sucede? ¿Qué tipo de fuerza está trabajando? ¿Cuán lejos puedes sostener el imán y seguir viendo que mueve los sujetapapeles? ¿Qué más puedes hacer con los imanes?